TRAUMA / NO TRAUMA

ANTÍGONA KATSADIMA

TRAUMA /
NO TRAUMA

Traducción
JOSÉ ANTONIO MORENO JURADO

EL ÁRBOL DE LA LUZ
66
TO ΦΩΤΟΔΕΝΤΡΟ

Padilla Libros Editorial y Librería
Sevilla 2024

C O L E C C I Ó N
P O É T I C A
DE AUTORES GRIEGOS
C O N T E M P O R Á N E O S
EL ÁRBOL DE LA LUZ
ΤΟ ΦΩΤΟΔΕΝΤΡΟ
N.º 66

Título original: *Τραύμα / όχι τραύμα*

© de los poemas: Antígona Katsadima

© de la traducción: José Antonio Moreno Jurado

© de la presente edición: Padilla Libros

ISBN: 978-84-8434-819-1

D. Legal: SE 2605-2024

1.ª impresión, noviembre de 2024

Padilla Libros Editores y Libreros
C/ Trajano n.º 18
41002 Sevilla (España)
editorial@padillalibros.com

CONSTRUYÉNDOLO CON VALERY
(2016)

FUENTE QUE GOTEA

El otro gato esperaba
en la luz nocturna de enfrente
que vivimos como efímeros
en la obra de las intranquilidades
por una *Voluntad de Fuerza*.
Nosotros, los otros Dubuffet
tras la guerra de piedra
de nuestros músculos,
no miramos
a los asientos de atrás,
cuantos queríamos y no existían.
Sabíamos que habíamos perdido.
Unimos los silencios
en una hermosa derrota
y tendimos el paso
ceniza por las callejas
del Cerámico
mientras iba el otro
a que se abriera esta loca
fuente que gotea
aún sobre las cabezas
de cuantos no se concilian.

LLAMA EN LA AGENDA

Imaginé que participaba
en un thriller
señalando
el jardín de los almendros
pero, cuando desperté,
el mundo
esperaba otra vez las fiestas.
Las manos me dejaron volver a cerrar
la edad
infantil en su casa
tranquila
escuchando
noticias internacionales.
La incitación
Quedémonos en nuestra agenda positiva
juega con los flash
de los fotógrafos
pero lástima que son sólo dos,
los tres magos traerían la buena suerte
al tiempo ausente.

Si estas fiestas no resisten
nuestra disposición,
no te intranquilices,
he aprendido para el camino
algunos versos de *Medea*
de memoria.

CUNA CALIENTE

Parece que en los dados
con la muerte
se colocó el tema del sacrificio.
No sabré
qué acordé,
ni podría
recordar.
Siempre es agradable
que los primeros fríos
no me cojan.
Niño de cuna caliente,
de cuna caliente,
gané un poco de calor,
insistente
en que lleve el aire
a mi alrededor,
en hacerlo amigo
y que sea la ciudad
mi casa con los sueños
no creados.
La *situación humana*
en persona.

EL BOCETO

De los bolsillos de su cazadora
rodaron dos paraguas,
uno para cada almohada
donde despertaba a sus ojos
para que le hablaran
qué vieron en estas
veinticuatro horas,
otro conflicto
de las cosas chovinistas.
Las puso otra vez en su sitio,
para la próxima vez
que diera su mensaje
de que el dos es un enigma
mientras el uno, un monólogo.
En la calle hacia su casa
todo
el boceto perdía en claridad,
como *La cuchara zapatilla*
de André Breton
rascaba la espalda

al amigo que quería
el dos
como su talismán.

IDRUSA — OFIUSA
(2021)

SOBRE LA LLUVIA

Era verano de aves migratorias
y en vano queríamos los que quedábamos
que se regara hacia adelante
el jardín de la habitación.
Mirábamos con ojos secos
detrás de las ventanas cerradas,
no venía, sin embargo, nuestra lluvia.
Tendíamos y descolgábamos
nuestras conocidas crónicas,
las voces no tenían ganas ni aire.
Hablaban sólo con aquel pequeño
inquilino, la salamanquesa
que adivinaba nuestros errores ortográficos,
que creíamos por error.
Puesto que debíamos mantenernos
en el jardín de hierbas secas,
en el ahora con los odres vacíos,
esperaríamos la lluvia.
Veía el hoy buscando noche
con mi desayuno robado de ellos mismos
dónde iba y cuál era el deseo
cuando mi yo dormía dentro de los muros.

AQUELLAS VOCES

Cuando se van, tus regalos
regresan para que leas
de nuevo las palabras que les dedicaste.
Cuando aquellas voces se distancian,
en algún sitio de tu cerebro, en el lago
gansos salvajes, recuerdas
sus reacciones, cuantas no llegan
ante ti con ardor, llama, ganas.
Tú eres ahora el regalo,
la reserva de las palabras y la tos,
lo que queda en un mundo vacío
de sus presencias.
Muchos atenderán a sabidurías
y yo con ellos debo
estar de acuerdo, como de costumbre,
pero ya ha cambiado la forma
de provocar yo las invitaciones.

DESPERTANDO EN EL RINCÓN

La aves entregaron el día
poco antes de amanecer
y también la noticia de que el mundo
comenzó a moverse
de la oscuridad a la luz,
rodeó el cuadrado
desayuno tras el extraño sueño.
No comienzo a desear
sino a conservar,
con corona, aquel deseo.
La costumbre me ata al mundo.
Escribiendo en un portátil
desde otros pupitres,
ventanas, parajes,
siento que puedo finalmente yo también
transportarme a mí misma,
cuando no me necesitan,
para interpretar el luto
del primer deseo personal.

OFIUSA

Dos veces miras las cosas,
eres una persona examinadora
y viajera al mismo tiempo.
No te tranquilizas en parte alguna,
en cuanto ves el día como acción
y la noche como silencio del error.
Se van los tiempos como si no cambiara
más que la edad y la manera
en que interpretas el cuerpo.
Ofiusa es la isla,
lugar de peligros el pensamiento
cuando refutas lo que hiciste
aunque sea con la inacción.
Algunos quisieran encontrarse
seguramente en esta situación,
tú entre las ruinas encuentras
que camina tu ritmo en el mundo.
No tienes asiento, sigues tirando
páginas secas y letras muertas,
buscando la tumba en el fondo,
el rostro amado contra el amor
que no se da de la misma forma que entonces.

ESTALLO
(2024)

COMETA

Mi patria es la Carta,
mi lengua, el aire.
Mi religión es la del cielo,
no alimento la hora en subo,
cojo el círculo azul de la cueva
que llamaban lenguaje de nubes
pintores, poetas y actores,
libremente las quemaré en sus manos
que abundantemente dejaron al sol
en el crepúsculo en la mirada.

PINZAS DE LANGOSTA

Y oscurece como mar la montaña
por la nube,
pinzas de langosta más
embriagan de tomillo y de maleza
del paraje cicládico
hasta caer en el sueño
en los fondos, en el nido salvaje.
Bailarín, el mar
sube también de pronto, diagonalmente,
cae como trozo
en su gran propuesta
y te tranquilizas cuando forma el césped.

LA PUERTA DEL COCHE

Llegó aquel momento,
la mañana apagaba y encendía las luces,
tenía sabor a coche abierto,
nuestros labios no se despegaban,
sólo las cosas,
yo quería ser mariposa,
engañar al depredador
con el ojo negro en mi ala,
no era mentira la partida,
creció de pronto la puerta del coche
y decidí escucharla,
el vacío que se extendía ante nosotros,
no dijimos palabra cuando nos fuimos.

LAS AGUJAS DE LOS PINOS

El verano que habito
llama de cerca a los pinos
y a sus agujas
en las muñecas de las manos
que saben del destrozo de la tierra
en cálidos mediodías.

Una cabina de teléfono amarilla
entre dos pinos
lamenta los últimos momentos del amor
    en el suelo,
nada funciona ya.

En el gran calor
en lo punzante
de las cosas sin nostalgia,
la vida de un pinar
trae de los combates de sombras
una cucharada de sopa de agujas de pino
y yo me quedo
por encima de lo normal al sol.

PLACAS SOLARES

Allí lejos brilla la ciudad en los puntos,
lanza chispas en el día.

Percibimos afuera la tranquilidad de nuestras
      vidas
que de cerca son ruido y broma.

Con las paneras llenas
nos levantamos de la mesa hacia otro sitio,

¿Esperabas, acaso,
que las placas fueran objetos estéticos?

Se les dio la oportunidad,
una reconstrucción de la distancia a la luz.

POR QUÉ NO ROJO

Mi paraguas es amarillo
como un abrazo abierto de limones
que huelen a naturaleza fresca
porque la melodía de la lluvia
ha matado sencillamente el polvo.
Mi paraguas es de mi mano
que sueña que el tiempo
trenza inmensamente
gotas de lluvia y lágrimas,
para hacer el instante de duración.
Pero si mi paraguas fuese rojo
como la sangre de los poetas asesinados,
mantendría en mi mano la maldición
y por ello
el paraguas no podría ser rojo;
no podría escuchar la lluvia
sobre mi cabeza protegida
como un átomo indiferente de los tiempos
    modernos.
Me cortarían la sangre.

EN EL MUSEO ARQUEOLÓGICO

Hay un peso sobre mí
envejeciendo la sangre,
mientras pongo en el jardín
palabras de mi cerebro.

Son las mismas acciones
participativas,
creía siempre,
no suceden al azar.

Últimamente no miro
qué han escrito,
sino qué hago
para salir en mi poema.

En el círculo de la vida,
de su misma escritura,
maniobro con peligro la exposición
como la estatua a la luz.

Mira, en el café del museo,
a los extranjeros que aman
la historia y el sol.
Magia el pequeño jardín de cada uno.

Al salir, queda atrás
en el museo arqueológico
una huella mía y quizás
la sangre escribiendo historia.

MANCHAS DE CAFÉ

A medianoche una mano va, viene
de mí a ti, de ti a mí
y acerca el lenguaje astral, la visión,
todas las casitas que nos quitaron
delante de los ojos, junto con la montaña.
No se va la mirada ni el pensamiento
ya de los enormes edificios,
setos de comodidades crean intolerancia.
La mano, sin embargo, insiste en moverse
    por las noches,
como el café que abre y cierra los días,
frío da tensión, caliente el aroma,
la función y la promesa.
La mano y el café caminan juntos,
copa, taza o vaso juegan alternándose.
Y si aparecen aquellas manchas café,
las prefiero a las mentiras de las Academias,
basta con que no aniden en libros.
Todo viene al que espera,
seis apretones de manos te bastan

para la felicidad,
seis palabras, palabras otra vez,
bebamos un café para que se purifique el paraje,
la mente es un mapa con manchas.

TRAUMA / NO TRAUMA

(poemas inéditos)

NÚMERO PRIVADO

Gotea en la alfombra pisada
el tiempo de atrás que conjeturo
como real
y aparece de nuevo
con número privado.

Lejana luna llena
de caricias traslada
suaves palabras a lo oculto
que puede ser quimera,
engaño de matices capitales.

Vacío el cubo,
evito la respuesta,
pero el número allí
vuelve más fuerte
y queda con el pómulo frío.

MANUSCRITO

Había una grieta
que sabía
pero él no.

Desde la sombra llegó
sobre las palabras
que turbaron sus círculos.

Y se volvió piedra del cerebro
manuscrito
investigando lo que estaba escrito.

HASTA QUE SE ENCONTRARON

Antes de verla
un pensamiento larvado
estaba allí, su compañía.

Y cuando se lo dio
su definición
se sacudió en su rostro.

Registros oscuros del concepto
patatales alborotos
en el pesado espejo-nombre.

DESESPERACIÓN

El mundo siempre era el mismo,
sólo cambió la costumbre
de quedar abierta
la puerta del balcón
y de desembocar
lo que debería ser
deseo en vez de desesperación
que es un conocimiento otra vez
invertido
sin que las tierras llenen
tus manos
de lucha y de futuro.

SENTIRME EXCEPCIÓN

Las zurdos se ponen melancólicos
cuando el pan se corta oblicuamente
y la miga muestra sus dientes.

Cuando escriben
y el codo va de lado
otra vez peligran por ellos mismos.

Cuando hacen un gesto o la cruz,
contemplarán lo general,
la costumbre de proteger la derecha.

El zurdo para algunos
es intentar llegar
a los buenos diestros en las letras.

En la pizarra antiguamente
mis letras redondas convencían
por perfectas, como las de los diestros.

Ahora que crecí, alguien se pondrá
a sondear
si mis raíces son la izquierda.

Y, sin embargo, cansa mucho más lo otro,
sentirme excepción en un mundo
que ya me ha exceptuado.

ODEÓN

Rompí
la agenda
en tres partes.

Los meses
sin notas
no volvieron atrás.

El acordeón roto
guía al verano
como animal que azotan.

Se adjunta futuro,
cólera sobre el Odeón
y los levantamientos invalidados.

EL ANAQUEL ROJO

Siempre quería
que la Roja Pérgola no fuese
el único cuadro que vendió en vida
y que el rojo
viniese de los libros
en vez de los semáforos.

Siempre quería
el rojo anaquel en la biblioteca,
vino rojo.
Deseo participarle
mi impronta. A ello me aplico.

Cambio el lugar en los libros
de la púrpura unida
que recuerda al Mar Rojo
con mi conversador
de lejos, a través de las letras.

El ejército rojo
para no bajar el silencio de la noche
pide que yo esté en medio de la escritura
como el sacrificio automático
de Van Gog que miraba al mundo.
A ello me aplico.

El anaquel rojo
diferencia en el miedo
mientras ahora temen
que sufran algo sus hijos,
que engorden o que caiga internet.

MOCHILA DE EPIDAURO

¿Soy la muerte de alguien?
El viento desde el tomillo
trae otra vez temas
a la abierta
mochila de Epidauro
mientras busco encontrar
las gafas de miopía
bajo una almohada
y crackers para el camino.
Desde años atrás me lamento aún
por un crack que dibuja
en el rostro la sombra
del nido del luto.
Y si no tengo límite
es que el agua corre
para que la vida sepa
que yo no quería.
En la escena del hoy
actúo con los medios de supervivencia
mirando los antiguos testimonios.

DICCIONARIO COMIDO

En la portada
quedaba media
época del danke schön.

Su otra mitad
la agarró
él.

Pedí
una fotografía
del rottweiler.

Y tengo por diccionario
la boca
que él quería traer.

Ahora que ya no vive
ladran
otros tesoros.

No falta
sólo Sugar
de Rafina.

Quedamos pocos,
diccionario comido
habla en la mano.

CON DINERO DE OTROS

En la mesa de atrás
había cuarenta
cuando alimentaba a la gata.

Todo les parecía tranquilo
excepto el deseo
de la extranjera en su lugar.

Pequeñísimo galimatías
del teatro
la bondad.

Los corderos del mar
lo antes y lo después
callaron en el ahora.

Comía con dinero
de otros
y veía lo nuestro.

En la pequeña Epidauro
me encontraron de varias formas
raíces de la antigua Grecia.

LAVADOS DE PÁNICO

Si fuese carmesí
desteñiría
sin trampa de color.

Huye color
de los días
en la vida de otro día.

Y habla bajo tierra
la lavadora
con lavados de pánico.

Me pregunto
cuánto hago resonar yo también
el diálogo perdido.

LA BICICLETA

Para no caerme
con ímpetu
no aprendí a montar.

Crecí
con medallas
en el camino a la ola.

En el mar
no esperé por escrito
el cambio de vida.

Bicicleta
sin indefiniciones
el despertar marino.

COLISIONES

Era copiloto
que no respiraba
a los gritos de cuidado.

Nosotros no teníamos culpa
sino los otros
que nos golpearon.

Papá
puso cara de juez
a favor del trabajador.

Superficialmente
nos dieron una lección
de que la simple victoria se mide.

Salimos
fuera de la marcha
y lo filosofamos.

DENTRO DEL MIEDO

Las escaleras mecánicas me angustiaban,
en el fondo estaba cerca
de mamá por imitación.

Los puentes mecánicos
traían con los años
miedo sucesivamente.

Y cuando no había
otra manera para los animales
de delante crucé el puente.

En Irlanda
dentro del miedo
supe gozar.

Por lo verde
y la luz, de mayor,
con vista al Atlántico.

CAPITALISMO

No te despiden
sencillamente
no tienes derechos.

Como el condenado
vas a una nueva celda,
project tal.

En la tapa abierta
del contrato indefinido
caes con el cabello suelto.

No coincides
con los intermediarios
del capital.

Que se atragante el sifón
con tanto deseo
asesinado.

NO AL VIDEO

Mi generación creció
con muñecas
en vez de pantallas.

Cuando llegó el nuevo mundo,
transmitieron
las llaves a los niños.

No al vídeo
escuchaba
en la casa.

No sé por qué
acepté hundirme
gota a gota en la obediencia.

MI TIEMPO

En mi habitación
la cama
me leía incesantemente.

Mi tiempo
eran pensamientos generales
entre las lecturas.

La música de la radio
rompía el silencio de la madera
en planes de huida.

Escuchaba afuera al limonero
murmurar como los parásitos
de las estaciones de radio.

EL ZAGUÁN

Se sentaba
Veía las carreras
como visión de lo presente.

Se apenaba
con una alegría
de inagotables sufrimientos.

A su alrededor había aves,
clepsidras de la verdad
sin costo.

Y el día
quedaba sobre los olivos
en las profundidades de la mitología.

Renegaba
de los amigos de la fiesta
y de los expresos.

Se rechazaba
en los textos también indefinidos,
la buscaba el zaguán.

TAQUILLA DE QUEJAS

Cuando vuelan las aves
el aire limita
sus pies.

Cuando los hombres caminan
el aire de nuevo
interviene análogamente.

Aves y hombres
dejan su óbolo
en la invisible taquilla de quejas.

ALGUNO ES ALGUIEN

Y la fiebre de las palabras no cae,
espero la respuesta
sin blanca en la calima de los sueños.

Con mis cuadernos de notas interiores
lunas turcas
¿qué recolectar entre los sufrimientos?

Las horas en el hoy borroso
pasan ya del ayer
dentro de mis ojos vigilantes.

Alguno es alguien,
tomé al que conocéis,
no tomo al que no conocéis.

En la vaca digital
su espejismo
combate contra mí y mi luz.

Su libre melena de antepasado
me enjaula
para caer en su vacío de encaje.

Llegó como animal, dios y hombre,
correcto Minotauro
hundiéndome en la inexistencia.

Y mi hermana Circe
no esteriliza a Elgin en alguien
por los mármoles que se van.

Mal destino reconocible,
ave entre dos ramas
mueres por mi sangre.

Mi drama como Pasifae
corta vueltas
finales de circulación en vuestro patio.

UN MIEDO

Temo
a los sueños muertos
que se vengan
del que actúa en represión.
Si no pertenecía a todos,
algo se habría escapado
del terciopelo de la noche
sobre él también esta noche.
Sin embargo, quiere gustar
a los que se inclinan
hacia él
y el día termina pronto.
Por la calle sólo camina
la dulce semejanza
que tritura el tiempo en garitos
de las alabanzas y del sin ayuda.

SOMBRA LUZ

En el instante en que brilló
el filo del cuchillo
yo caminaba en una losa barca.

Inclinada recordé en la isla
el pómulo rosa que no decía la theta
y Skiathos era la sombra luz.

En el comunicado de la enfermedad
yo estaba lejos, hacía la medición
de cómo sonaban sus palabras.

Había recorrido pendientes y bosques
hacia el mar profundo,
ahora me recorrería a mí misma,
    mis particularidades.

Entre sombra y luz
en la ermita de San Viernes
lloré al lado de una loca abeja.

Lacrimoso poema,
nada terminas con exactitud
en la memoria que hiela tu armazón.

EL PESO

En la balanza
se estigmatiza
el peso que escribe.

El pediatra ordena
cosas científicas, antígenos
y el mundo está lejos.

Sola con los kilos
veo que la verdad
falta por mi parte.

Desde esta soledad
hasta aquel consultorio
germina Iris la siberiana.

EL PERRO

Como si conociera
de algo a ese perro
cuando me mira.

Amistoso ante mí
es el pretexto
para observar mi vieja herida.

Puede que sea
fidelidad
la cicatriz tras el mordisco.

Los perros me reconocen
por su propia
historia en la manada.

DIFERENTES POEMAS «HUÉRFANOS»

CUENTO PARA MAYORES

Empequeñeces, Libre,
en mi cerebro que sabe
que no me esperarán sueltos registros,
sino posteriores,
mientras crece aún más despacio
en la luz que pierde de pronto la respiración,
tu hijo, el Concepto,
vuelve del blanco encaje
y me trae la vieja amiga con una nube,
me cogerás de la mano,
el cuento para mayores
brilla como ecuación insoluble, grieta final,
basta con no entregarme a lo sin tiempo.

OH, DULCE MÍO GOUEAR

Te busco.
El coche infractor
blancamente cargado de muchas frivolidades
cierra el paso,
pero la mirada interminable atraviesa
hacia el epígrafe escrito arriba.
Me resolvió la duda no nacida
de quién es el edificio
y la primera cólera de los segundos,
pintura de púrpura
que se vertió en el parabrisas de la
      calle Benakis,
se fue por encima de mí como tú.
Oh dulce mío Gouear,
a donde vaya, te llamaré,
dejaste vello en la voz
y el ronquido, cola de enero,
me da palabras en la mano,
los hechos, por ejemplo,
vuelvo a lo viejo, a la ciudad,

me duele su situación impía,
fondo público ça m'en fout merci,
vuelvo a casa,
brilla azul la oscuridad,
pero la cocina no tiene tus ojos.

UNA VOZ ME ENVÍA LEJOS

Qué petición de nueva planta
trae el oasis entre dos extremos
no lo sé aún o siempre
como esta nada,
sólo me puse a ver qué haces,
produce la audición en acto óptimo
en momentos de descuido
en que dejamos de vernos quizás
    a nosotros mismos.
Una voz me envía lejos,
puede que mire tras las rejas,
lamento, sin embargo, lo no cultivado
    de lo hablado,
mensajes que pasaron sin lucha de voz
y tenían palabras contraseñas,
envejecidas o de felicitaciones como
    cartas postales
de imprenta con paisaje marino.
Por esta afonía perdimos,
el demonio de la imprenta, algún familiar

es quien ríe a escondidas en nosotros,
por eso hoy también tuve llamada de teléfono,
hablé, me dijeron, escuché.

RESPIRACIÓN MÍA LA CREACIÓN

El hombro que respira
me pertenece como el tronco
del árbol que se inclina hacia el sol,
las partes de nuestro cuerpo olvidadas
en playas antiguas, en despachos
y habitaciones dejadas que no vinieron
    con nosotros
en el traslado y en la promesa,
ahora, pienso en todas las cosas, una a una,
mi respiración la creación,
cuanto quedó en el presente conmemorativo,
para no saber a qué luz mirar
cuando el silencio dora el presente
y el pensamiento, vigilante a mi lado,
promete que no me pertenezco completamente.

EL SOL SE VA

A la señora Calíope

Aún entra luz de afuera,
todo lo pequeño suena a gran delicia
en el oro duradero del tiempo.

El sol escribe en la pared una acción
que se encuba, parte de la tierra
y mientras subo a la habitación
queda como un eco.

Aún no temo, observo
la conversación con la tierra
en segunda persona del singular, animación.

Puedo descansar la voz,
sin embargo, ahora, volverá a suceder,
sucede, el sol se va
y no resisto que me vacíe.

Nunca veo atardeceres,
si algo quiero de la luz
es que comience siempre.

La voz toma sitio
para yo hablar sempiternamente,
se preocupa de que yo no tenga pensamientos,
yo sin mí más completa.

ÍNDICE

ÍNDICE